Unsere Wege
Oder
Gedichte einer vernarbten Liebe

*Und das Leben
Soll weitergehen;
Zurück bleibt
Ein vernarbtes Herz
Und der Traum
Von der Zweisamkeit,
Der mich trägt.*

Standja Bäck

.

Unsere Wege

Oder

Gedichte einer vernarbten Liebe

Liebesgedichte

Bibliografische Information der Deutschen Nationalbibliothek
Die Deutsche Nationalbibliothek verzeichnet diese Publikation in der
Deutschen Nationalbibliografie; detaillierte bibliografische Daten sind im
Internet über http://dnb.d-nb.de abrufbar.

© 2007 Standja Bäck

Titelbild: Erwin Kuhnke
Satz, Umschlagdesign, Herstellung und Verlag:
Books on Demand GmbH, Norderstedt
ISBN: 978-3-8334-7052-3

Inhalt

Vorwort

Ich denke oft an die holden Träume, die wir hatten, und die Sehnsüchte, die uns immer noch treiben. Alle meine Gedankenflüge enden an demselben Punkt der Ratlosigkeit: Wo treffen sich unsere Wege? Wie lang dauert noch der Leidensweg? Wie weit ist noch unser Ziel? Wie viele Sonnenaufgänge und -untergänge müssen noch vergehen? Wie viele Male soll sich noch die Erde drehen?

Es war kein Gedanke, der aus dem Augenblick geboren wurde, es war der Augenblick, der das lang schlummernde Gefühl aufweckte. Der herandämmernde Morgen war klar und frisch, die Luft rein und kühl. Die Sonne malte bei ihrem Untergang die Berge grau und Silber und ich schloss die Augen vor dem NICHTS der ewigen Nacht, die nahte; Land der Melancholie und der stillen Träume. Dann verschwanden allmählich die Konturen des Tages in dem sanften graublauen Schleier der Dämmerung, die eine friedliche, etwas schläfrige Stimmung über mich senken ließ.

Die Gegenwart wird von der Vergangenheit oftmals überholt; im Nu vergeht, verschwindet. Das Leben folgt weit widersprüchlicheren Gesetzen als denen, in die wir es zu zwingen vermögen.

Die Möwen schreien leise, vielleicht wollen sie uns Ruhe zur Verständigung einräumen. Der Horizont weilt weit weg von uns. Liebe ist nicht nur ein Wort, es ist etwas Unsagbares, etwas Gehobenes, etwas Unsterbliches, das die Seele berührt, ‚empfangsbedürftig' ist und keinen Gegenwert hat; das Niveau eben der weichen milden Herzen. Wir sind wie Staub auf der Wiege der Welt, und doch machen wir einen beträchtlichen Teil der Menschheit aus. Alles braucht eine Zeit, um Anerkennung und Würdigung zu erfahren. Ein geheimnisvoller

Weg breitet sich vor uns, ohne seine Reize zu offenbaren und doch, er weckt uns die Neugier ihn bedingungslos zu gehen. Das Erwünschte im Leben verlangt oftmals große Opfer, einen schweißtreibenden Weggang, der uns entmutigt und resigniert.

Als die Sonne gerade den Horizont erhellte und den Boden noch nicht erwärmt hatte, als alles noch schlief, ermüdet vom gestrigen Fest des Frühlingsanfangs, wurde ich von tausend Gedanken des Vergangenen umringt; Ja vielleicht von naiven Träumen, die ich hoffnungsvoll schmiedete, um sie mit meinem Auserwählten wahr zu machen, die doch zu Schäumen wurden. Nur noch ein paar kleine rosa gefärbte Wolken schmückten den Horizont, die mich auf das Relative und Unmögliche NICHTS des Lebens hinwiesen.

In einer verträumten Atmosphäre versuchte ich Herr meiner Gedanken und meines Tuns zu werden. Die Bäume standen in voller Blüte und ihre Zweige spielten im Wind, es roch nach Fluss und Algen und im Meer schaukelten ein paar weiße Boote; ich spürte einen Moment lang das Aufkeimen meines schlechten Gewissens für das eventuelle Leid, das ich meinem Liebsten, mit meinem vorsichtigen, vielleicht abweisenden Verhalten zugefügt haben könnte. Ich versetzte mich kurz in seine Lage, als er vor mir stand, und ich, ohne ihn erkannt zu haben, ging meinen Weg weiter, und so verpasste ich dabei das lang Erwünschte und Ersehnte, das greifbar nah vor mir stand. Das goldfarbige Abendlicht lockte viele Menschen zu einem Spaziergang und ich freute mich ungestört in meinen Gedanken zu stöbern.

Unter den Steinen bleiben die Worte verborgen, mit denen ich meinen Gram und Unmut zum Ausdruck bringen könnte; sie werden überhört, verstummt, nicht verstanden. Die gesprochene Sprache ist zu arm, um alles, was ich fühle, auszudrucken. Liebe ist wie ein Gebet, ein Gedicht, dessen Wortlaut in der Seele widerhallt, wenn man die Sprache des anderen gewählt hat, die man sinnvoll zu deuten vermag.

Die Sonne wirft ihre letzten Strahlen; der Tag zieht sich langsam ins Meer zurück um sich auszuruhen, alle Träume bis zu ihrer Erfüllung bei sich aufzubewahren, und sie in den Schlaf zu wiegen.

Der Sand tilgt die Spuren unseres Passes, und jeder von uns bleibt verirrt und verloren allein. Was bleibt ist die Erinnerung und der Traum. Meine Seele von Liebe durchdrängt, lässt alles um sich herum, im Himmel der Sehnsucht kleiner wirken, und verdrängt jede Bitterkeit. Doch der Traum, beschert mir ein wohltuendes kurzes Glück und die fromme Hoffnung unseren Weg zu finden und unsere Träume gemeinsam zu erleben.

Ich versank in eine quälende Grübelei, die meine Augen zu Tränen der Ausweglosigkeit zwangen, und ihre Fesseln ließen mich tatenlos bleiben.

Im hellen Sonnenschein nahm ich ein reizendes Landschaftsbild vor meinen Augen wahr. Ich faltete dankbar meine Hände, um meinem Gebet freien Lauf zu geben, das Gott, Dank und Fürbitte überbringen und mich vor der Ratlosigkeit erlösen sollte. Dazu spazierte ich auf der grünen Waldwiese, da wo die Quelle um moosbedeckte Steine plätscherte, um frische Ideen und Kraft zu schöpfen; ich suchte die Flucht vom Alltag und den bedruckenden Gedanken, die mich peinigten. Ich ging immer weiter in den Wald hinein, als ob die jugendlich treibende Kraft meines Wesens, da wo die Sonnenstrahlen auf dem grünen Laub schimmerten und mit den Böen tanzten, Bestätigung suchte. Und es tat mir gut, dieses losgelöste Schreiten durch den Wald zu unternehmen, die unendlichen Wege zu durchlaufen, die sich vor mir breiteten, und mein Blick verstohlen, unruhig, suchte die weiße Taube, um mit ihr dir eine Herzensbotschaft zu schicken.

In meiner Unmut, wünsche ich mir das Lachen zurück, das die Sorgen verschlingt, und die unsterbliche Hoffnung ernährt. Doch die verlorenen Momente, lassen eine Welt voller Narben zurück, die mir jede Freude, wie ein Wurm, absaugen.

Wirklichkeit und Traum liegen weit auseinander, zumal der Traum leicht greifbar ist, als es die Wirklichkeit sein kann. Viele Gedichte sind Flüsse, andere Steine oder ungesellige Gestalten, die die Seele belagern. Wenn der Strom heult und braust über Wald und Felder und die stärksten Äste sich davor beugen, spüre ich meine schmächtige Kraft, die keine Wirkung vorweist.

Im fahlen Licht saßen wir uns gegenüber, unsere Blicke an einander geheftet, als suche der eine in den Zügen des anderen die Vergangenheit zu verarbeiten; Freud, Leid und Gram abzumessen. Wir schauten uns stumm an, um die Entflammung des alten Gefühls festzustellen und den Zeitpunkt seiner Entstehung zu preisen, auch wenn es vom Pech verfolgt war. Als aber der fahle herauf grauende Morgen die Mondnacht ablöste, wusste ich, dass es nur ein Traum war, der gerade ausgeträumt wurde, und der mich doch ergötzt hatte.

Die beide Benjaminbäume, die ich zu Beginn dieser Liebe gepflanzt habe, wuchern und gedeihen und vergegenwärtigen das Gestern, das noch zwischen den grünen Blättern, im süßen Traum schlummert. Morgen wird das Glück uns wieder anlachen, alles Unangenehme verschlingen, unsere verborgenen Seiten entdecken, die das fade Pech bislang uns verborgen, fern von uns hält.

Zwischen den Zeilen schlummert der unerfüllte Traum

Warten !!!
Mutter der Geduld;
Du ruhst
Auf Geist,
Und Gemüt;
Du läßt die Jahre
Leer vergehen,
Sinnlos verweilen,
Und Ich?
Verlasse mich
Blind auf dich,
Um das innig
Erwünschte
Zu empfangen.

Unsere Wege

Deiner,
Abseits versteckt,
Gutgemeint;
Meiner,
Den Anschluss verpasst,
Woanders weilt.
Wehmütig
Mein Blick,
Schaut zurück
Zu der vergangenen Zeit;
Und eine Träne eilt,
In der faden
Verdrossenheit.
Vom kurzen Lenz
Hab ich geträumt,
In dem, unser Weg
Frei und treu
Offenstand,
Um ihn zu nehmen,
Das Glück begegnen,
Noch einmal.

Lass mich fühlen

Lass mich fühlen
Was du fühlst,
Freude, Schmerz
Und Leid;
Lass uns lachen
Und vergnügen,
Wie greller Stern
Im Mai.

Mein Herz,
Das schenk ich dir,
Schenke auch
Deins mir;
Lass uns atmen
Unseren Odem
Teilen uns die Luft
Für Morgen.

Glück ist

Glück ist der Weg,
Den wir begehren,
Wir bemühen uns,
Ihn zu begegnen.

Durch Hindernisse
Und Unebenheiten
Laufen wir
Oft vergebens;
Unser Blick,
Verlor
Das Ziel,
Und wir gehen,
Ohne Begehren,
Weiter;
Verlaufen, verwischt
Der Traum, der Sinn.

Der Reim von Gestern

Ich lese leise
Den alten Reim;
Er beflügelte mich
Für eine Zeit;
Ich flog empor
Zum Himmel hoch,
In andere Welten,
Anderen Ort;
Aber jetzt,
Ihm fehlt der Reiz,
Der heutige Geist;
Er vergaß seine Melodie
Wird unsichtbar,
Farblos ohne Sinn.

Seelenaugen

Laß dein Herz
Mit mir sprechen,
Deine Seelenaugen
Ergötzen
In der Größe
Des Gefühls,
Das uns verbindet
Und erfüllt.

Versprechen sollst
Der wahren Liebe
Ewige Treue
Und viele,
Gemeinsame Jahre,
Die uns beruhigen
Und tragen;
Laß die Sterne
Uns verraten,
Was morgen
Auf uns wartet.

Wieviele

Wieviele Straßen,
Wieviele Wege,
Wieviele Brücken
Wieviele Stege
Müssen wir
Im Leben nehmen?

Wieviele Sterne
Hat der Himmel
Wieviele Schatten
Uns umringen,
Und uns in andere Welte
Bringen ?
Sie sind fremd
Aber doch,
Wir bleiben ihnen treu
Befolgt.

Zeiten

Die Zeiten
Vertreiben
Ohne zu heilen,
Schmerz, Leid und Sinn;
Die Narbe des Unheils
Erinnert an jenes
Mißgeschick
Und zeigt
Was unheilbar war
Und bleibt.
Nach der Zeit
Verlangt
Die Liebe, das Herz,
Der Geist.

Der Fluch der Ahnen

Der Fluch der Ahnen
Verfolgt mich
In allen
Jahren,
In der Lebensfrühe
Der Schnee füge
Kälte und Gram;
Im Winter
Verschmelze
Das Eis
Auf Felde und Dach,
Der Morgenstern schimmert
Auf dem grünen Gras
Die Wärme bleibt
Abseits,
Weit vom Land.

Junger Geist!
Bleib jung;
Aus dem Fluch
Laß Segen werden,
Bleib gesund.

Der weise Baum

Der weise Baum
Lacht mich an,
Mein Beisein
Macht ihn sanft;
Er hört zu,
Was ich ihm sage,
Er erkennt meine Plage
Mein Leid
Er vertraut mir
Auch Seins.
Er berät mich
Immer wieder
Dir zu schreiben
Gedicht und Lieder,
Deine Liebe
Zu erwidern.

Der Zauber der Welt

Schaue dich
Um sich herum,
Jemand gibt dich
Mit Liebe um;
Laß dich verzaubern
Von ihrer Welt,
Die uns beiden
Zusteht.
Nehme an,
Was ich dir gebe,
Weile nicht
In anderen Wegen;
Es ist doch
Alles vergebens.

Schaue mir

Schaue mir
In die Augen,
In die Seele
Und Herz
Siehe den Weg,
Der offen steht;
Ihn zu nehmen,
Um mit mir
Zu begeben.
Lass dich entführen
In das Reich
Der Gemeinsamkeit;
Entdecke das Glück
Das darin weilt.

Das Himmelblau

Laß mich dir
In die Augen
Schauen
Das Himmelblau
Erstaunen,
Mich darin verlaufen,
Um bei dir zu bleiben.
Laß uns gemeinsam
Die Welt entdecken,
Jenen Augenblick
Begehren,
In dem wir zusammen
Kämen,
Um nicht einsam
Im Leben zu stehen.

Unser Wille

Unser Wille
Besiegt
Vom Schicksal,
Mißgeschick;
Fern vom Glück,
Weit weg von
Zusammenkommen
Und Sinn
Unseres Lebens;
Unsere Wege
Unsere Spuren
Verwischen sich
Im Staub
Und Sühne.

Mein flüsterndes Herz

Es flüstert,
Es spricht;
Es verlangt
Gesinnt,
Von dir
Gehört zu werden.
Erkennst du die Worte,
Die Melodie,
Die von weitem
Erklingt?
Das ist die Stimme,
Des Schicksals,
Das uns einst
Verband.

Machtlos

Sehnsüchte,
Pathos, Gefühle
Bleiben Gefangen
Deines Schweigens,
Einer alten Sünde;
Alles unwichtig,
Belanglos
Erscheint;
Wir bleiben machtlos,
Fern
Von der Freude
Der Zweisamkeit,
Dem Schicksal verfangen,
Das Ziel nicht erreicht.

Laß die Liebe nicht

Laß die Liebe
Nicht erstarren,
Nach all den
Schönen vielen Jahren
In denen ich
Auf dich warte;
Solange uns
Die Erde trägt
Und die Sehnsucht
In mir brennt,
Wirst von mir
Stets ersehnt,
Angedichtet
Und verehrt.

Wir, zwei Felsen

Wie zwei bekannte
Meerfelsen
Liebäugeln uns
Aus der Ferne;
Wenn der eine sich sehnt,
Fürchtet sich
Der andere stets,
Vor jeder Annäherung.

Unsere Hände
Breit gestreckt,
Warten
Vergebens
Auf den Glücksmoment,
Und so vergehen,
Gehen dahin,
Die schönste Jahre,
Die unsere sind
Und waren.

Die benetzten Augen
Werden getrocknet,
Die Lippen müssen sich
Zum Küssen formen,
Vorfreude
Aufs Zusammenkommen.

Wo ist …

Wo ist dein Weg,
Der meinig ist,
Und auch unser
Werden will?
Wo ist der Liebe
Die Tugend,
Die uns Freud
Und Glücke bringe?
Wo ist das Ohr
Das mich hört
Das Gefühlt,
Das uns gehört;
Deine Hände,
Die mich tragen,
Und auch fangen,
Wenn Unwetter
Droht und Bange?

Weit, weit,
Fern von uns
Weilt
Alles
Verstummt!

Morgensonne

Wäre ich die Morgensonne,
Der Nacht der volle Mond,
Leuchtete ich deine Wege,
Zöge ich dich an meinen Ort.

Wärest du eine Laterne
Das des Tages grelle Licht,
Hättest du mir gezeigt,
Wo du wohnst und wo du bist.

Wären wir zwei Sterne,
Auf dem selben Horizont
Hätten wir uns wahrgenommen,
Uns getroffen an einem Ort.

Wäre es

Wäre es
Aus Papier,
Aus Glas
Oder aus Ton,
Wäre es zu längst
Zerbrochen,
Weggerissen
Und wertlos.

Es ist wohl
Ein Gefühl,
Das im Herzen
Lebt und blüht,
Es massiert
Und vergnügt
Unsre weichen
Seelen.

Glücksträne

Wer hat die Liebe
Gesehen,
Er soll auch
Ihre Träne verstehen.
Sie ist empfindsam
Und mild;
Wer aus Liebe
Weint,
Weiß,
Daß sie
Etwas Unbesiegbares
Ist und bleibt.

Edelgefühl

Liebe, wie keusch
Du bist!
Laß mich spüren,
Was du fühlst;
Werde nicht Feuer,
Nicht Gift,
Um mich zu verderben.
Laß mich nicht länger
Im Traum leben;
Vergesse
Was uns trennt,
Bewerte,
Was uns verbindet
Und trägt;
Werde Ereignis,
Werde wahr
An jenem Tag,
An dem mein Herz
Für dich schlägt,
Nach dir verlangt.

Nicht Träne

Der Seele der Schmerz
Unerträglich,
Verrät
Das Leid,
Das mich quält
Und peinigt.

Nicht Träne,
Nicht,
Mild
Schlägt das Herz,
An dich denkt.

Wieder da

Aus Gestern
Wurde heut,
Alle Ereignisse
Wieder frisch;
Sehnsüchte, Träume,
Gedanken
Und Erinnerung
Des kurzen Glücks.

Das Paradies,
Das wir besaßen,
Liegt uns fern,
Hat uns verlassen!?

Wieder sprechen
Unsere Herzen
Ganz vertraut
Im Zwiegespräch
Aus zwei
Wurde es eins,
Das heimlich
Für beiden schlägt.

Es erwartet uns
Bestimmt
Da wo unser Reich ist
Unsere Liebe zu empfangen
Und das Leben anzufangen,
Mit neuen Elan, von Anfang an.

Zum Valentinstag

Traum der blauen
Stunde
Erfülle mir alle Wunsche,
Mach sie wirklich,
Wahr
Am Valentinstag;
Liebster, entsinne,
Was uns verbindet
Und glücklich macht;
Berausche dich
Von den Duftblüten,
Laß im Herzen
Keimen, schlüpfen
Was wir vermissen
Und verpaßt.
Öffne breit
Deine Arme
Um wir umschlungen
Zu bejahen,
Das Glück,
Das uns anlacht.

Allein in der Strömung

Des Schicksals
Die Wellen
Erfaßten mich
Verlor den Weg,
Das Sonnenlicht.

Mein Blick verschwommen,
Mein Odem knapp,
Suchte nach dir,
Nach unserem Land.

Stürmisch der Wind,
Das unbändige Kind
Treibt den Nachen dorthin,
Wo mein Blick nicht weilt.

Wie ein Punkt am Horizont
Schwebt in den Wogen mein Boot;
Es sucht die Welt, nach ruhigem Hafen,
Der nur für ihn bleibt erhalten.

Da ist der Himmel

Da ist der Himmel,
Da wo wir auch sind;
Wir sind befreit
Von Gedanken
Und Sinn;
In Sehnsucht
Und Nostalgie.

Wir lassen
Die Seele tanzen,
Träume fassen
Im Rausch
Des Laubraschelns
Im Morgenwind.

Lebe für heute

Lebe für heute
Und jetzt,
Dir gehört
Das Paradies,
Die Welt;
Du heißt
Willkommen,
Am Leben
Teilzunehmen
Alles erleben,
Was du versäumt hast.

Die Angst

Du herbe Angst,
Du fesselst mich,
Mit deiner Hand;
Du machst mich
Mutlos und schwach.

Der Schnee
Verschmelze,
Vergehe,
Aber du?
Du stehst da,
Wie eine Mauer,
Standhaft.

Der Winterschlaf
Schmiedet mir Träume
Vom Liebesglück;
Ich fürchte mich
Sie zu verlieren,
Ich bleibe wach,
Im tiefen Sinn.

Werde wahr

Ich verleihe dir
Meine Gedanken,
Meinen Sinn;
Meinen Verstand,
Meine Nostalgie
Und alles,
Was dich betrifft.

So befreit
Möchte ich sein
Von jeder
Qual und Pein.

Frühlingstraum
Werde wahr,
An einem Maitag
An dem die Vögeln
Zwitschern
Und singen
Und uns überbringen
Die Gottesbotschaft.

Unentdeckt

Wie eine stille Klage
Würgt mich,
Der Wunsch
Nach dem Vergangenen,
Dem Ersehnten,
Das in uns Verborgene,
Unentdeckte.

Da schlummert das Glück
Gesinnt,
Bis es erkannt
Und empfangen wird.

Wir waren uns
Nah
Greifbar nah,
Gewesen;
Und doch
Unentdeckt blieb
Das Gefühl, der Sinn;
Und wir?
Heimliche Geliebte,
Verehrer,
Sind wir geblieben.

Was blieb

Du gingst;
Was blieb,
Ist
Ein Bleibsel
Deines ICHS,
Vergegenwärtigt
In meinen Sinnen.

Was blieb und bleibt
Ist,
Ein verletztes Herz
Das Schreit,
Nach Gerechtigkeit,
Nach der verlorenen
Zweisamkeit,
Die uns versprachen
In der Vergangenheit.

Wie der Wind und das Meer

Wir gehören zusammen,
Wie der Wind und das Meer;
Das Zuflüstern der Wellen
Verbinden uns näher.

Vom Mondschein verzaubert
Schauen uns wir an,
Wir lassen es schimmern
Auf unsrem Haar.

Wir wollen befreit
Die Ruhe genießen,
Mit dem Azur des Himmels,
Uns näher verbinden.

Die Nacht in dem Kleid
Der Sterne erspähen;
Empor die Herzen,
Zum Himmel erheben.

Hold erklingen
Die Lieder der Liebe
Sie lassen uns lange
Im Rausch versinken.

Wir gehen zu zweit
Das Glück zu empfangen,
Unsere Welt zu erobern,
Für uns alleine haben.

Keine Stadt

Rings herum
Breitet sich
Eine Einöde;
Keine Stadt,
Keine Heimat,
Als die meinige,
Anzusehen.

Stark der Wind,
Das Unwetter;
Unsichtbar unsere Wege,
Zugewachsen,
Wie wilde Felder.

Verspätet sich
Der Zeitgeist;
Er braucht Mut,
Woanders weilt,
Bis die weiße Taube
Erscheint,
Um uns zu verbinden
Zu vereinen.

Deine Göttin sein

Laß mich deine Göttin werden,
Wenn auch nur für einmal;
Schöne Stunden zu erleben,
Unserer Liebe reiches Mahl.

Laß uns nach dem Namen suchen
Unseres eigenen Gefühls;
Das für uns geboren wurde
Und in einen Hafen führt.

Laß mich deine Göttin sein
Auf dem Himmel deines Herz,
Laß uns unsere Liebe leben,
Und entdecken unsere Welt.

Ich bin die Königin des Landes,
Das du mir beschert hast,
In dem Träume bauten wir
Eine Burg für unseren Schatz.

Der November

Spärlich und karg
Erscheint die Welt,
Wenn mein Blick
Dich umarmt,
Festhält.

Das Laub schwebt
Her und hin
Und meine Seele,
Mein Sinn
Wandern
Mit den Böen des Winds
Ins Unbekannte,
Ins fremde Licht.

Im Gram

Meine Augen
Leer geweint;
Mit dem Gram
Zusammengeschweißt;
Keine Sterne
Aus der Ferne
Leuchten uns
Den Weg zu sehen,
Da wo die Liebe lebt
Und weilt;
Doch
Die Zähre trocknen sich
Gemach,
Für neue Hoffnungen
Zu zweit.

Der Fluch

Ein Fluch
Lastet über uns,
Keine Wünsche
Werden erfüllt,
Fern von uns
Weilen,
Weder Freud
Noch Glück
Mit uns vereinen.

Meine Sicht
Verschwommen,
Meine Sehnsucht
Verschlafen,
Benommen;
Der Blick
Ins leere gestreift,
Und doch
Du bleibst
Unentdeckt
Sichtlos;
Und ich?
Geduldig,
Im Grame vertieft
Erwarte
Deine Nachricht.

In Gedanken zu zweit

Die Gedanken
Unbändig,
Vertreiben den Schlaf;
Aus der Bitterkeit,
Aus dem Gram,
Schöpfe ich Hoffnung
Und träume
Von unsrer Zeit
Vom Begegnungstag.

Dem Tod gehört das Leben
Drum laß uns erleben
Alle Stunden,
Alle Momente,
Die uns gehören.

Unpassend

Schweigen!
Keine Zeit
Für die Klärung
Der Wirklichkeit;
Die Versöhnungsworte
Verstummt,
Im Munde verweilt.

Ohne Zärtlichkeit
Und Kuß;
Nur noch ein Gruß
Verläßt deinen Mund.

Dein Herz
Sensibel und weich,
Meidet den Anreiz;
Meins,
Blüht anmutig
Allein,
Im Sinne der Zweisamkeit.

Verletztes Herz

Verletze keine Menschen,
Die du liebst,
Weder mit Worten,
Noch mit Schrift.

Versteckt das Herz,
Im Körper weint,
Und weidet im Gram
Und Leid;
Die Wunden bleiben
Frisch und tief,
Geheilt werden
Aber nicht.

Offene Hände

Meine Arme
Bleiben offen,
Bis an jenen
Glücksmomente,
An denen du sie füllen wirst
Mit deinem Charme
Und Angesicht.

Schau die Mandelbäume,
Sie blühen;
Schau das Azur
Des Himmels,
Die Wiesen;
Hör die Vögel
Wie sie singen;
Sie parodieren
Unser Lied.

Schau die Lämmer
Wie sie spielen,
Laß uns eben doch empfinden
Des Frühlings den Frieden.

Wir vergessen

Wir sind Menschen
Und vergessen
Ereignisse,
Enttäuschungen,
Und seelischen
Schmerzen.

Dieselbe Fehler
Wir beginnen,
Die Hoffnung im Sinne,
Das Glück zu finden.

Die zerbrochenen Fittiche
Zusammengeklebt
Für weitere Flüge
Nach nah und fern.

Nur nach Liebe
Wird gesehnt,
Und alles andere
Verdrängt.

Komm heute

Komm heute
Mit dem Abendwind
Trockne mir die Stirn,
Die Last des Sinns.

Der selbe Abend
Der selbe Tag
Dämmert für uns
Noch einmal.

Komm,
Nehme mir den Gram
Den Seufzer, die Pein;
Komm heute
Mit dem Sonnenschein.

Ich brauche Licht,
Deinen Odem
Mich bestätigt zu fühlen
Und geborgen.

Nicht gerne allein

Satt vom Unglück und auch Pein
Sehne ich mich nach Sonnenschein,
Einem Leben, vielen Jahren,
Die uns beiden können tragen.

Ich möcht das Lachen
Wieder lernen
Die Welt mit Freude
Erleben.

Diese ruhigen stille Tage,
Möchte ich mit dir teilen,
Mit dir reden
Und auch schweigen.

Welch ein Wunsch

Der Schnee rieselt
Und löst sich gemach,
Mein Blick vergnügt,
Ruht auf dem Gras.

Welche Wünsche
Soll mir versprechen,
Welch eine Sehnsucht
Soll mein Herz ergötzen?

Die Alten, die Neue,
Die Fromme, die Reale,
Oder diejenigen,
Der meine Seele plagen?

Ständig geschwiegen
Und wunschlos
Lebte ich das Leben,
Ertrug mein Los.

Welch ein Wunsch
Bleibt noch frei,
Der mich erfreut
Und erfüllt dabei?

Widmung

Ein Teil meines Herzes
Steckt in diesen Versen drin,
Die ich dir widmen möchte
Mit Gefühlen und Sinn.

Als Andenken soll es sein
Unsrer wunderbaren Welt,
Die wir uns erschaffen haben,
Ewiger Traum, der nie vergeht.

Einen Dank gewähre ich dir
Für die Geburt dieses Glücks
Das du mir geben konntest
Aufblühen des Gemüts.

Laß' dich in den Schlafe wiegen
Von den Versen meines Herzs;
Erfüll den Traum, den wir begehren,
Halt die Zeit auf das Jetzt.

Ich verlange nach dir

Mein Herz kläglich
Verwirrt,
Es schlägt eifrig
Für dich;
Mein Durst unerträglich,
Qualvoll,
Meine Lippen trocknen
Zu küssen geformt;
Und wir zwei,
In der Menge allein,
Suchen
Unseren Himmel
Vom Gram befreit.

Bis ich deine Lippen küsse,
Bis ich deinen Herzschlag fühle,
Bis ich deine Hand berühre;
Solange ruht auch
Meine Sehnsucht.

Dein Dasein

Deine Stimme
Macht mich stumm,
Mein Augenlicht
Betrübt
Von deiner Ausstrahlung.

Deine Anmut
Verschluckt die meine,
Dein Reiz
Beschattet den meinen,
Und macht mich regungslos
Und blind.

Unsichtbar,
Famos
Sitze ich
Auf deinem Schoß.

Ich liebe dich

Ich liebe dich,
Wie das Vogellied,
Wie den Gesang
Des Abendwinds.

Ich liebe dich
Wie die Wahrheit,
Die in meinem
Herzen weilt.

Ich liebe dich,
Wie den Frühlingstraum,
Der die Seele massiert
Und dem Zauber vertraut.

Öffne die Fenster
Deines Herzs,
Nimm das,
Was ich dir schenk
Meine Liebe,
Die nicht verwelkt.

Auf dem weißen Sand

Zufällig haben wir uns getroffen,
Zufällig verliebte mich in dich;
Zufällig verwelkte sich die Liebe,
Die im Herzen ewig sprießt.

Viele Spuren sind geblieben
Von der kurzen Zeit noch,
Andre Welt hab ich gesichtet,
Einen fremden fernen Ort.

Ich verschließe meine Augen
Ich fühle mich bei dir nah;
Auf dem weißen Strand verlaufen,
Nehmen wir uns wieder wahr.

Als ich die Augen wieder öffne
Dachte standest du noch da;
Aber als ich dich anfassen wollte
War alles einsam, verkannt .

Vom Winde

Wie vom Winde
Verweht,
Vom Paradies
Vertrieben;
Nichts
Hielt dich zurück,
Du bist fern
Geblieben.
Und jetzt,
Wiederkehrt
Die Sehnsucht,
Der Sinn
Ereilt,
Sie hat uns versklavt,
Erreicht.

Vielleicht

Vielleicht,
Unserem
Ungehorsam
Wegen,
Bleiben wir
Eben,
Getrennt
Entfremdet
Verloren.

Verwaiste Arme

Meine Arme
Verwaist, leer,
Mein Blick schweift
Umher;
Leise erklingt
Der Liebe das Lied
Das Herz schlägt
Vertieft im Sinn,
Sehnsüchtig, verliebt,
Warte ich
Auf dich.

Im Mantel der Nacht

Des Waldes die Stille
Schwarz gefärbt
Jedes Leben
Verschläft
Wie der Traum
Von Jetzt
Und erholt sich
Nicht wieder.
Laß die Nächte
Unsere werden
Zu träumen,
Zu reden,
Zu schweigen,
Zu schwelgen.

Funkelnde Sterne

Funkelnde Sterne
Wie Äugleien
Glänzen
In der Vollmondnacht;
Sehne dich
Nach der Stille,
Höre
Den Herzschlag
Der Liebe;
Berausche dich
Vom Akazieduft,
Befriede
Die Seele;
Mach
Den Traum
Wahr,
Der lange liegt
Im Winterschlaf.

Zeit für Rosen

Schau die Rosen,
Wie sie blühen;
Die Sehnsucht
Berühren,
Die in mir brennt.

Ihre Velur Blätter,
Im Seidenbehälter,
Sprühen Anmut.

Augen und Seele
Erfreuen sich
Des Innigen,
Hehren Gemüts.

Zufall

Ein Zufall hat uns
Verbunden,
Ein Zufall hat uns
Getrennt,
Ein Zufall lies uns
Verlaufen,
Ein Zufall hat uns
Entfernt;
Durch den Zufall
Werden wieder
Unsere Wege
Ersehen, finden.

Ich fand keinen Weg

Ich fand
Weder Weg
Noch Steg,
Der dein wär;
Überall gestöbert,
Gesucht;
Mir wurde
Alles verwehrt.

Wie ein Schiff,
Das die Wellen
Beseitigt, verschlingt,
Steuere
Gezielt zu mir;
Seele jauchze:
Willkommen
In mein Geviert.

Du bist

Wie ein Stern,
Im Himmelszelt,
Glänzt
Und scheint;
Wie eine Nehrung
Im Meer
Vertrauen beweist,
Wie eine Oase
In der Wüste
Hoffnung erweckt;
Wie das Labsal
In der Hitze
Leben schenkt;
So bist, und bleibst.

Die Margeriten

Mein Herz
Der Sehnsucht treu
Verlangt
Von den Margeriten
Liebeserklärung
Verträumt;
Begleitet
Von vielen Gefühlen,
Fliege ich
Gen Himmel
Um zu spüren
Was mich erfüllt.

Der Margeriten
Die Blätter verraten,
Ob er mich liebt,
An mich denkt,
Mich in seinen Sinnen
Hatte.

Fange meine Gedanken

Fange alle
Meine Gedanken,
Sie gehören dir doch;
Laß sie deinige werden
Um zu besinnen
Still und froh.

Denk an mich,
Wie ich es tue
Schenk mir auch
Deinen Sinn;
Vertreibe mir
Mein Leid
Und auch meinen
Trübsinn.

Ich liebe dich
Für deine Tugend,
Auch noch
Für deine Last
Ich liebe alles,
Was du treibst
Und was noch
In dir hast.

Fliege zum Mond

Fliege mit mir
In den Mond,
Wo unsre Sehnsucht
Wohnt;
Von den Sternen
Rings umfriedet
In den Himmel
Festgeschmiedet.

Wie die Monde gehen
Und sich erneuern,
Leben wir im Abseits
Mit alt und neuen.

Wenn ich in Träumen
Heimwärts sehne,
Kehr ich zurück
Auf die Erdenferne.

Rosenblätter

Die Rosen
Verehren,
Entzücken;
Ihre berauschende
Dufte
Liebe bekunden.

Ihre Blätter
Edel gefärbt
Bezaubern
Jedes Herz;
Auf der Erde
Zerstreut
Weisen uns erneut
Den gemeinsamen Weg.

Sie verraten
Aber nicht,
Wo die Liebe
Wohnt und ist.

Das Gottesgeschenk bist du

In meinem Wahn,
Übersah
Das Gottesgeschenk,
Versäumt das Glück,
Die schönste Jahr.
Welch ein Wort
Fände ich noch
Um eine Entschuldigung,
Einen Lob
Dir zu richten,
Zu erzählen,
Was ich empfinde,
Was mich quäle;
Der Bitterkeit
Entfliehen
Abwenden?!

Keine Gegenwart

Die Zeit rinnt;
Mit einem Sprung
Läßt die Zukunft
Zur Gegenwart werden.

Der Lauf
Der Gegenwart
Eilig, kurz;
Er läßt sie kleiner wirken
Unbemerkt vergehen,
Schwinden.
Drum
Mit dem Zeitgeist
Gehen,
Jede Minute spüren
Erleben.

Deine Schwingen

Breit öffne deine Schwingen,
Nimm mich mit in dein Nest,
Oh, wie wohl würd s mir ergehen,
Wenn du bei mir wärest!?

Spar mir bitte die Verdammnis,
Jede Sehnsucht, Nostalgie,
Die mein Herz ständig belagern
Anstatt dein Angesicht.

Nehme meine Gefühle, bitte
Die behüte ich für dich;
Mich frohlockt eine Gedanke:
Dein Herz schlägt auch für mich.

Oh, wie nah sind unsere Herze,
Einig am Tag und Nacht,
Beide sprechen ihre Sprache
Mit ihrem eigenen Verstand.

Mein Herzschlag, mein Odem
Auch mein ICH, dir gehört,
Als Angebinde schenke ich dir
Alle Glücke dieser Welt.

Wo die Liebe wohnt

Ich bin ganz ich:
Einfühlsam, naiv;
Ich frag leise
Den Mond,
Wo die Liebe
Möge wohnen,
Wo unser Glück
Verborgen liegt;
Wo unser Weg,
Unser Reich,
Zu finden sei,
Das uns zugeteilt
Wahrhaftig bleibt.

Ursache und Folge

Weil es sich
Die Erde dreht,
Und die Sonne
Sie erhellt,
Aus dem Morgen
Wurde Gestern,
Aus dem Heut
Wurd gemach
Viele Minuten
Und Sekunden,
Viele Stunden
Und der Tag;
Aus den Tagen
Wurde Woche,
Aus den Wochen
Monat noch,
Aus den Monaten die Jahre
Und anschließend der Äon.

Jeder Tag,
Der vergeht
Runzelt
Unsres Angesicht,
Vertreibt dann
Die frische Blüte,
Der Jugend
Den frohen Sinn.
Drum lebe die Zeit,
Die uns bleibt
Mit schönen Gedanken,

Jungem Herz,
Und vertreib alles,
Was uns Kummer macht
Und quält.
Weil es dich gab
Und gibt,
Lebe ich mit dem Lebenssinn
Den du mir gabst
Und gibst.

Der rote Horizont

Blau und rot
Der Horizont;
Schmiedet uns Träume
Über Glanz und Lob.

Der herbstliche Abend
Erfrischt den Geist,
Treibt uns
Zur Zweisamkeit
Im Rauschen der Wogen,
Der Zeit.

Meine Seelenaugen
Gen Boden
Gerichtet,
Um meine Gefühle
Wieder zu finden.

Das Versäumte

Über die verpaßten
Glücksmomente
Denke ich nach;
Was versäumt
Und schmerzhaft war.
Ich wünsche sie
Wieder zurück,
Sie zu pflegen
Wie das eigne ICH.

Welch eine Freud,
Ein Glück
Wurde verloren, vermißt,
Als wir aufeinander warteten,
Glücksträume bastelten,
Die ausgeträumt sind!

Und du?
Du gingst fort
Wiederholt;
Ich blieb zurück
Ohne Trost.
Jede Freud
Wurd zur Qual,
Jede Sehnsucht,
Zu Verfall
Meines Wesens;
Sind unsere Stunden
Vergangen, vergebens?

Und weil

Und weil
Wir uns mögen,
Und ersehnt
Unsere Wege
Erspähen;
Laß unsere
Spuren sehen,
Unseren Weg finden
Auf einander zugehen,
Uns gehören
Und lieben;
Unsere Sehnsüchte
Verbinden.

Leere Tage

Lebendig
Wie die Strömung
Zart wie
Der Abendwind
Still wie das Wasser
Dämmert es;
Bricht
Der Tag ein,
In Eil,
Der Morgen
Wird zum Abend
Ohne Licht und Schein.

Von den Jahren
Überholt
Bin ich vergänglich,
Vernachlässigt,
Trostlos.

Da wo der Alltag
Mich nicht verlangt,
Liege ich sanft
Im Glückesschlaf;
Ich gehöre dem Herrn,
Dem Schöpfer im All.

Die Morgenwolke

Morgenwolke,
Bleibe wach;
Fülle den Horizont,
Das Tal,
Mit deinem Hauch
Mit deinem Charme,
Gewehre
Der Liebe
Zeit und Kraft.

Höre das Wallen
Des Quellwassers,
Das singt und weint,
Höre meinen Liebesruf,
Der zu dir eilt.

Den Laut meines Herz
Halte fest;
Ein Gottesgeschenk,
Das dir gehört.

Laß uns lieben lernen
Uns annähen,
Aneinander gewöhnen.

Wenn die Zeit

Wenn die Zeit
Nicht eilt
Uns nicht berührt
Woanders weilt,
Dann sind wir in dem Garten
Der Ewigkeit
In der Stille der Stummheit.

Der junge November

Du hast dich
Verjüngt
Mild
Dein Wind
Nimmt
Den bunten Laub mit;

Jetzt liebst du
Den Sonnenschein
Die leichte Luft;
Und wir treiben uns herum
Um von deiner Schönheit
Inspiriert zu werden.

Jetzt,
Liebst du
Die Flaute,
Die Stille,
Die Ruh,
Das Zuflüstern
Der Wogen zu hören
Bei Ebbe und Flut.

Ich hab vergessen
Deine Dunkelheit
Deine nebligen Tage,
Ich erfahre nun gerade,
Wie reizvoll du bist.

Sprache!
Du bist zu arm,
Um all das,
Was ich spüre,
Zu preisen.

Wenn unsere Wege

Wenn unsere Wege
Sich treffen,
Unsere Blicke
Das Eis brechen,
Dann werden wir ein Paar.

Nachruf

Ich wusste nicht
Wie lang dauert
Der Traum, der Sinn;
Was uns verband
Und erfüllte.
Jetzt weiß ich:
Es gibt
Keine Zweisamkeit,
Sie verschwand
In der Chimäre
Der Unendlichkeit.
Der Tod war schneller,
Schneller, als wir es waren,
Schneller als der Sinn;
Ich hörte deine Stimme,
Leise, grell;
Eine Liebesmelodie
Widerhallte in meinen Ohren:
„Conny, Conny, ich bin gesund",
Ich sprang aus Freude,
Um dich zu umarmen,
Aber du verschwandst,
Du nahmst
Meinen Ruf
Nicht mehr wahr,
Meine Arme verwaist;
Du bist fort
Ohne Abschied,
Ohne Wort;
Ich glaubte an uns,

An die Stärke unserer Liebe;
Aber Missverständnisse, Unglücke
Trennten uns
Nichts führte mich zu dir,
Verzeihe mir.

Lass uns, Liebster, Verliebte, Verlobte, Vermählte im Geiste, im
Traume sein; all das erleben, was uns im Leben verwehrt blieb
und bleibt.